John Chambers

Helene & Alannah

Geschichten
aus dem Kindergarten

Mit Illustrationen
von Katja Gehrmann

Carl Hanser Verlag

Den Erzieherinnen der Kita Crellestraße
widme ich dieses Buch mit Dank und Achtung.
John Chambers

1 2 3 4 5 20 19 18 17 16

ISBN 978-3-446-25079-6
Alle Rechte vorbehalten
© Carl Hanser Verlag München 2016
Umschlag: Stefanie Schelleis © Katja Gehrmann
Satz im Verlag
Druck und Bindung: TBB, a. s., Banská Bystrica
Printed in Slovak Republic

Inhalt

Helene und Alannah sind Freundinnen

Alannah und Helene sind Freundinnen.

Sie gehen beide in dieselbe Kita.

Die Kita heißt Kita Alannah.

Stimmt nicht, sagt Helene. Die Kita heißt Kita Helene.

Stimmt nicht, sagt Alannah, die Kita heißt Kita Alannah.

Stimmt nicht, sagt die Erzieherin. Die Kita heißt Kita Crellestraße.

Seit Langem gehen sie in diese Kita.

Lange lange Jahre, sagt Alannah, die fast vier ist.

Lange lange lange Jahre, sagt Helene, die auch fast vier ist.

Zusammen macht das acht Jahre.

Fast acht Jahre gehen die beiden in dieselbe Kita.

Stimmt nicht, sagt die Erzieherin. Helene ist erst mit zwei Jahren zu uns gekommen, und Alannah ist seit drei Jahren hier.

Also, zwei und drei zusammen macht fünf.

An der rechten Hand hat Alannah fünf Finger und an der linken
Hand auch fünf. Daher weiß sie ganz genau, was fünf ist.
Helene auch.

Alannah hat auch je fünf Zehen an beiden Füßen. Sie zieht sich
zum Gucken die Strumpfhose aus.
Eins, zwei, vier, drei, fünf, zählt sie. Ganz genau.
Sie krümmt ihre Zehen und lacht.
Helene zieht sich auch die Strumpfhose aus, zuerst aber die Socken
und die Schuhe.

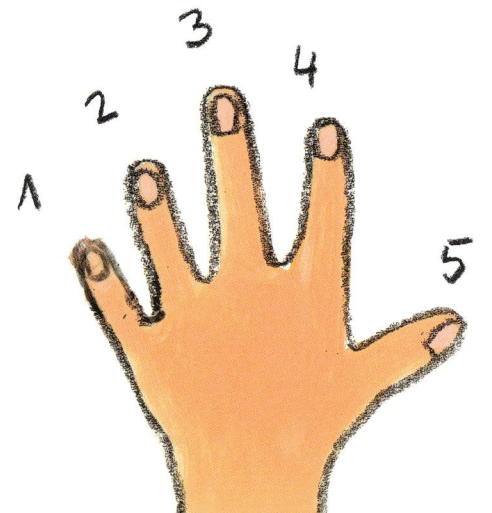
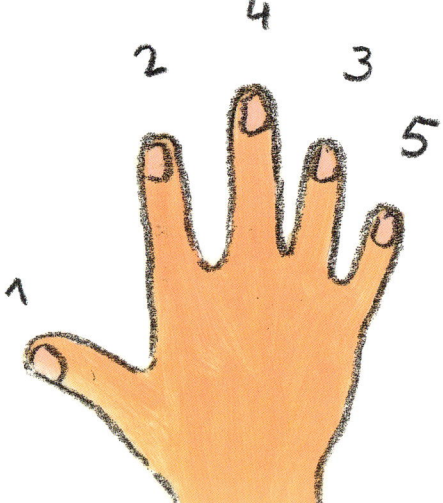

Einszweivierdreifünf zweimal, sagt sie, aber lustig, dass eine Zehe
ganz groß ist und eine ganz klein, wie Menschen.
Helenes Mama ist ganz groß und ihr Papa ganz klein.
Bei Alannah ist es umgekehrt.

Und jetzt, wo sie die Schuhe ausgezogen haben und heute
in der Kita ein Grüner Tag ist, holen sich die beiden grüne Farbe
aus der Malkiste und malen sich die Füße grün an.
Guck mal, sagen sie zu der Erzieherin, als sie fertig sind. Grüne Füße.
Grüne Füße, schreien die anderen Kinder und wollen mitmachen.
Grüne Füße, grüne Füße.
Das dürfen sie aber nicht.

Helene und Alannah sind Freundinnen.
Sie gehen beide in dieselbe Kita.
Manchmal heißt die Kita Kita Alannah.
Manchmal heißt die Kita Kita Helene.
Manchmal heißt die Kita auch Kita Grünfuß.
Kita Grünfuß ist in der Crellestraße.

2 Helene hat zwei Köpfe

Alannah und Helene sind Freundinnen.

Sie gehen beide in dieselbe Kita.

Alannah ist vier Jahre alt und hat einen Kopf.

Helene ist auch vier und hat zwei.

Helenes Köpfe heißen jeder anders.

Der erste heißt der Helenekopf und sieht ganz normal aus.

Der zweite heißt der Helenetrotzkopf und redet anders.

Heute Morgen hat Helene ihren Trotzkopf an.

Guten Morgen, Helene, sagt die Erzieherin,
als Helene hereinkommt.
Helene antwortet aber nicht.
Guten Morgen, Helenepopene, sagt Alannah, ganz fröhlich,
obwohl es noch so früh ist. Hallo hallo hallo.
Der Helenetrotzkopf antwortet immer noch nicht.
Helene, sagt die Erzieherin, Alannah hat dir Guten Morgen gesagt.

Blääh, sagt der Helenetrotzkopf.

Blääh selber, sagt Alannah und streckt die Zunge raus.

Dumme Gans Helene.

Der Helenetrotzkopf schmollt.

Dumme Gans darf man nicht sagen, sagt Theo, schon gar nicht
mit Zungerausstrecken.

Mir egal, sagt der Helenetrotzkopf und verschränkt die Arme.

Mir auch, sagt Alannah und verschränkt ihre Arme.

Die Kinder sitzen im Morgenkreis.

Im Morgenkreis wird erzählt, aber nur wer den Stein hat,

darf erzählen.

Der Stein ist blau und glitzert.

Heute erzählen die Kinder vom Frühstücken.

Maja nimmt den Stein und erzählt, dass sie am liebsten Cornflakes

ohne Milch isst, und zwar einzeln.

Bei ihr dauert das Frühstück gaaaaaanz lange.

Michael der Ahnungslose sagt, er isst am liebsten Cornflakes

mit Butter und Toast am liebsten mit Milch.

Bei Min-Oh gibt's immer Reis.

Dann kriegt der Helenetrotzkopf den Stein und erzählt gar nichts.

Ein Trotzkopf erzählt nämlich nur, wenn er erzählen will.

Sonst nicht, erklärt Alannah.

Gib bitte Tarek den Stein, sagt die Erzieherin.

Ja, sagt Tarek.

Jetzt will ich aber doch erzählen, sagt der Helenetrotzkopf.

Gut, sagt die Erzieherin.

Aber nicht übers Frühstück, sondern übers Abendessen.

Na bitte, sagt die Erzieherin.

Abendessen ist doof, sagt der Helenetrotzkopf,
und Frühstück genauso.
Auch wenn es doof ist, sagt die Erzieherin streng,
was hast du zum Frühstück gegessen? Sie wartet.
Nichts, sagt der Trotzkopf.
Gar nichts?, fragt die Erzieherin.
Gar gar gar nichts, sagt der Trotzkopf.
Und hast du etwas getrunken?, fragt die Erzieherin.
Nein, sagt der Trotzkopf. Trinken ist doof.
Sie gibt den Stein weiter.

Wartet, sagt die Erzieherin. Helene, möchtest du vielleicht
einen Joghurt haben?
Der Trotzkopf sagt kein Wort, nickt aber. Er hat den Stein
schon an Tarek weitergegeben.
Du kannst meinen Joghurt haben, Helene, sagt Alannah.
Joghurt mag ich überhaupt nicht, und außerdem sind eklige
Erdbeeren drin, die mag ich auch nicht.

Helene lächelt.

Der Helenetrotzkopf verschwindet, und der Helenekopf
ist wieder da.

Helenepopenchen, sagt Alannah.

Alannahbananchen, sagt Helene. Hallo hallo hallo.

3   Helene will immer
die gelbe Blume sein

Alannah und Helene sind Freundinnen.
Helene ist Alannahs beste Freundin.
Aber Helene will immer die gelbe Blume sein.
Unfair, sagt Alannah. Unfair. Ich will auch die gelbe Blume sein.
Aber ich bin's, sagt Helene und tanzt wie eine gelbe Blume
durchs Zimmer. Eine blöde gelbe Blume, sagt Alannah. Blääh.

Die Erzieherin sagt, Alannah, du darfst die blaue Blume sein.

Will ich aber nicht, sagt Alannah.

Und Maxim sagt, Alannah, du darfst dann die rote Blume sein.

Obwohl er selber eigentlich die rote Blume sein wollte, weil Rot
seine Lieblingsfarbe ist.

Rot ist blöd, sagt Alannah. Blääh. Und schmollt.

Und nebenbei tanzt die blöde Helene wie eine blöde gelbe Blume
über den blöden Boden.

Blöd darf man nicht sagen, sagt die Erzieherin und ist böse
auf Alannah.
Tschuldigung, sagt Alannah und schmollt weiter.
Schmollen kann man drüben, sagt die Erzieherin, und alle Blumen
gucken Alannah an.
Alannah ist traurig.
Eigentlich wollte sie nur ein bisschen die gelbe Blume sein,
weil Gelb ihre Lieblingsfarbe ist.

Die Sonne ist gelb und Bananen sind gelb, und ihr Lieblingskleid
und ihre Lieblingsstrumpfhose sind auch gelb.
Und selbst ist sie nicht gelb, aber ganz traurig.
Alannah ist ganz traurig, sagt Maxim und schluckt, und hinter ihm
tanzt die blöde Helene immer wieder weiter. Darf man aber
nicht sagen, und Alannah sagt es auch nicht.

Bist du fertig mit Schmollen?, fragt die Erzieherin, und Alannah nickt.

Gut, sagt die Erzieherin, ich habe nämlich eine Idee. Welche Farbe hat die Biene?, fragt sie in die Runde.

Grün, sagt Michael der Ahnungslose, und alle lachen. So was Dummes. Eine grüne Biene.

Gelb, sagt Maxim. Alannahs Lieblingsfarbe.

Alannah ist jetzt eine gelbe Biene. Sie tanzt und summt und flattert um die gelbe Heleneblume rum und hat ganz viel Spaß.

Ssssum, suuum summ piks, singt sie, und Helene guckt sie blöd an.

Darf man aber nicht sagen.

Nicht piksen, sagt Helene genervt.

Aber Alannah pikst nicht, und wenn überhaupt, dann nur
ein gaaanz kleines bisschen, weil halt Bienen so was machen
mit Blumen.
Dann will Helene die gelbe Biene sein.
Piks, sagt Alannah und summt weiter.

4 Helene will immer mit mir tauschen

Alannah hat einen gelben Rucksack,
denn Gelb ist ihre Lieblingsfarbe.
Helene hat einen pinken.
Der Rucksack von Alannah
ist sehr schwer.

Menschenskind, was hast du alles hier drin?,
fragt Papa morgens, bevor sie in die Kita gehen,
und schaut rein.
Er sieht eine Brotbüchse, einen Bär, eine Fee mit
echt goldenen Flügeln, ein Stück Obst, ein sehr
altes Stück Obst, Hausschuhe für die Kita,
eine Stoppersocke und gaaaaaaanz viele Krümel.

Was machen die Krümel in deinem Rucksack?, fragt Papa Alannah.

Machen tun die gar nichts, sagt Sive, die auch noch nicht fertig ist, die sind einfach da. Sive ist Alannahs ältere Schwester und geht schon in die Schule.

Und außerdem sind es keine Krümel, sagt Alannah, sondern glitzernder Zauberstaub für die Fee.

Und was macht die Fee in deinem Rucksack, fragt Papa, mit oder ohne Zauberstaub?

Sie will in die Kita, sagt Alannah, weil nämlich heute Spielzeugtag ist.

Aber du hast doch deinen Bär mit, sagt Papa.

Er bringt die Fee in die Kita, sagt Alannah. Damit sie nicht so allein ist.

Und die Stoppersocke?, fragt Papa.

Das ist keine Stoppersocke,
sondern ein Schlafsack für den Bär,
erklärt Alannah ungeduldig.

Papa holt das alte Obststück heraus.

Und dies?, fragt er.

Kannst du haben, sagt Sive.

Und lacht.

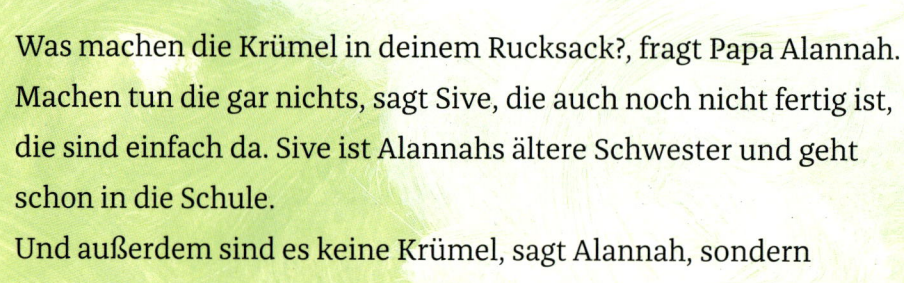

Sie fahren in die Kita.

Unterwegs überlegt sich Alannah,

was Helene für den Spielzeugtag mitbringt.

Letzte Woche hat sie eine Engelpuppe mit schimmerndem Kleid

mitgebracht. Das Kleid hatte kleine leuchtende Sterne mit Musik.

So was hast du auch, sagt Papa, oder?

Nein, sagt Alannah. Das gehört Helene.

Und vor zwei Wochen hatte sie ein Feenhaus mit ganz vielen

kleinen Feen mitgebracht, aber Tarek, der mal Nasenbluten hatte,

hat es mit seinen Rittern kaputt gemacht.

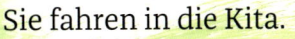

Tja, sagt Papa und strampelt hart in die Pedale. So was.

Ich mag nur nette Ritter, sagt Sive.

Ich auch, sagt Alannah. Und Dinosaurier, aber nicht in echt.

Sie kommen in der Kita an.

Guck mal, Papa, sagt Alannah, und will aus dem Fahrrad aussteigen.

Helene ist schon da.

Sie halten an.

Alannah, sagt Helene, was hast du für den Spielzeugtag mitgebracht?

Alannah zeigt ihr die Fee und den Bär. Und den Zauberstaub.

Schööön, sagt Helene.

Ist das nicht deine Stoppersocke, Helene?, fragt Helenes Mama, und Helene sagt, nein, das ist ein Schlafsack für den Bär.

31

Und was hast du mitgebracht, Helene?, fragt Alannah.

Helene zeigt ihr eine Krone mit echten Diamanten und einen pinken Zauberstab mit echter Musik. Die Musik spielt ein Lied vor.

Schöööön, sagt Alannah. Wollen wir tauschen?

Und Helene sagt: Ja.

5 Helene kann schon im Stehen schaukeln

In der Hofpause gehen Alannah und Helene zu den Schaukeln
und setzen sich darauf.
Wer zuerst da ist, darf sich auf die Schaukeln setzen.
Guck mal, wie hoch ich schaukeln kann, ruft Alannah und zeigt's.
Wer zuerst da ist, darf auch hoch schaukeln.

Guck mal, wie schnell ich schaukeln kann, ruft Helene und zeigt's.
Wer zuerst da ist, darf auch schnell schaukeln.
Doğan und Michael der Ahnungslose gucken zu. Sie wollen auch
schaukeln.

Aber Helene und Alannah waren zuerst da.
Doğan fragt, dürfen wir auch schaukeln, und Michael
der Ahnungslose sagt, ja, wir wollen auch schaukeln.

Aber Alannah und Helene waren zuerst da.

Sie sagen nichts und schaukeln immer weiter. Jetzt im Stehen.

Guck mal, Helene, ruft Alannah, ich kann im Stehen schaukeln.

Ich auch, ruft Helene.

Wir auch, sagt Theo, der gerne Schaukeln im Stehen übt.

Darf ich's zeigen?

Er steht neben Doğan und Michael dem Ahnungslosen und will
auch im Stehen schaukeln.
Aber Alannah und Helene waren zuerst da.
Wer zuerst da ist, kann ganz lange schaukeln.

Josie und Hüsseyin kommen an.

Letztes Jahr hat Josie Hüsseyin drei Mal gebissen, aber jetzt sind sie ganz gute Freunde, denn Josie beißt nicht mehr, und wenn, dann nur aus Versehen.

Josie und Hüsseyin wollen auch schaukeln.

Schau mal, Josie, ruft Alannah. Ich kann im Schaukelstehen umdrehen. Guck mal.

Sie dreht sich im Schaukelstehen um.

Ich auch, ruft Helene. Sie dreht sich auch um.

Jetzt schaukeln sie mit dem Rücken zu den anderen. Wer zuerst da ist, darf sich auch im Schaukeln umdrehen.

Unfair, sagt Doğan.

Unfair, sagt Carla.

Ihr seid gemein, sagt Michael der Ahnungslose. Wir wollen auch schaukeln.

Alannah und Helene sagen nichts.

Sie schaukeln im Takt zusammen.

Sie schaukeln genau gleich.

Wer gut schaukeln kann, kann auch gleich schaukeln, sagt Alannah.

Oder springen, sagt Helene.

Ich kann gut springen, sagt Alannah.

Ich auch, sagt Helene.

Und sie springen. Beide zusammen.

Hurra, rufen die anderen und rennen auf die Schaukeln los.

Aber die Hofpause ist zu Ende.

6 Helene will immer nur noch ein Junge sein

Alannah und Helene sind Freundinnen.

Alannah ist ein Mädchen, und Helene auch.

Aber heute will Helene nur noch ein Junge sein.

Heute, sagt Alannah, will Helene nur noch ein Junge sein.

Und Helene sagt, heute will ich nur noch ein Junge sein.

Ich aber nicht, sagt Alannah. Ich will heute ein Mädchen sein.

Aber du bist schon ein Mädchen, sagt Michael der Ahnungslose.

Bin ich nicht, sagt Helene. Heute bin ich nur noch ein Junge.

Ich meinte doch Alannah, sagt Michael der Ahnungslose.

Alannah ist ein Mädchen, sagt Helene. Aber ich nicht. Heute bin ich nur noch ein Junge.

Dumme Gans Michael, sagt Alannah.

In der Pause gehen die Kinder zum Spielen auf den Hof.

Dort sind Dreiräder und Sand und zwei Schaukeln. Eine Rutsche gibt's auch.

Die Jungs spielen mit den Dreirädern und sausen hin und her.

Die Mädchen auch.

Alannah und Helene schaukeln.

Dann spielen die Jungs mit Baggern im Sand, und die Mädchen
backen Sandkuchen mit Sand.

Alannah und Helene schaukeln weiter.

Dann gehen die Jungs jagen, und die Mädchen spielen kleine
Schweinchen und Wolf. Michael der Ahnungslose ist der Wolf und
weiß nicht, weshalb alle Mädchen auf einmal Angst vor ihm haben.
Genauso wenig weiß er, weshalb alle Jungs ihn jetzt jagen.
Hört auf, sagt er. Ich mag das nicht.

Und Alannah und Helene schaukeln weiter.

Jetzt schaukeln sie sich hoch in die Luft, ganz hoch, und Maxim guckt zu.

Uieeeee!, ruft Alannah.

Uieeeee!, ruft Helene.

Maxim ruft, kann ich auch schaukeln?

Nein, sagt Alannah.

Geh weg, sagt Helene.

Maxim ist ein Junge, sagt Alannah, aber ich bin ein Mädchen.

Ich auch, sagt Helene.

Wer ein Junge ist, darf mich nicht besuchen, außer Maxim,

sagt Alannah.

Mich auch nicht, sagt Helene.

Helene und Alannah sind Freundinnen. Sie gehen zusammen
in dieselbe Kita. Sie sind Mädchen, alle beide.

7 Helene trägt niemals eine Mütze, sondern immer nur eine Haarspange

Morgens nach dem Frühstück ziehen Helene und Alannah los.

Helene kommt aus der einen Richtung.

Alannah kommt aus der anderen.

Manchmal bringen die Papas die Kinder in die Kita, manchmal sind es die Mamas.

Im Sommer zieht sich Alannah eine Mütze an, wegen der Sonne.

Im Winter zieht sich Alannah eine Mütze an, wegen der Kälte.

Manchmal will sie das aber nicht.

Zum Beispiel heute.

Heute will Alannah keine Mütze tragen.

Kein bisschen.

Aber draußen ist es kalt, sagt Papa, der sie heute hinbringt.

Er hat sich schon seine Mütze angezogen.

Egal, sagt Alannah. Mir ist warm.

In der Wohnung ist es warm, sagt Sive, aber draußen
auf der Straße ist es kalt. Sive ist Alannahs
ältere Schwester und geht schon in die Schule.

Trotzdem, sagt Alannah. Ich schwitze.

Aber du musst, sagt Papa.

Muss ich nicht, sagt Alannah und schaut mürrisch.

Doch, sagt Papa, schaut selber mürrisch und öffnet
die Mützenschublade.

Die Mützenschublade ist eine ganz große Schublade
neben der Tür, in der alle Mützen der Familie
aufbewahrt werden. Alle zusammen. Fast immer.
Schau mal, sagt Papa. So viele schöne Mützen. Hier zum Beispiel:
Er holt eine Wollmütze heraus. Die hat deine Omi gestrickt, sagt er.
Zu kratzig, sagt Alannah.

Jetzt holt Papa eine gelbe Mütze heraus. Gelb, sagt er.
Deine Lieblingsfarbe.
Alannah sagt, Gelb ist auch Helenes Lieblingsfarbe. Darum will sie
immer die gelbe Blume sein. Und außerdem ist die Mütze zu klein.
Das ist eine Babymütze.

Mit einer schnellen Bewegung zieht Papa die Mützenschublade
ganz heraus und wühlt darin. Er wird langsam ein wenig ungeduldig.
Schau mal, sagt er, eine blaue Mütze, mit einem Schaf vorne drauf
und zwei Zipfeln.

Das ist kein Schaf, sondern ein Hund, sagt Alannah, und außerdem
habe ich heute keine Zöpfe und brauche keine Zipfel.

Gut, sagt Papa, meint es aber nicht. Jetzt suche ich dir selbst
eine Mütze aus. Weil es nämlich draußen kalt ist, und wenn es
draußen kalt ist, müssen alle Kinder eine Mütze anziehen. Fertig!

Außer Helene, sagt Alannah und blickt mürrisch zu Papa. Helene
trägt niemals eine Mütze, sondern immer nur eine Haarspange,
und das ist unfair.

Es klingelt an der Tür.

Mach auf, sagt Mama, die gerade aus dem
Badezimmer kommt. Das muss Helene sein.
Helene?, sagt Papa, woher weißt du das?
Weil heute keine Kita ist und Helene zu uns
zum Spielen kommt, sagt Sive.

Einszweidreivierfünf Sekunden später steht Helene an
der Wohnungstür. Hallo, Alannahchen Bananachen, sagt sie.
Ein kalter Wind weht herein, und Papa schaut Helene an.
Einen warmen Mantel hat sie an, mit Hasenhandschühchen,
und einen Schal, aber keine Mütze. Nur eine Haarspange.

Stimmt, sagt er.

8 Helene und Alannah gehen nicht zusammen auf die Straße

Heute Morgen sitzen Alannah und Helene mit den anderen Kindern beim Morgenkreis und reden über das Nichtmachen.

Was macht man nicht?, fragt die Erzieherin in die Runde und wartet auf eine Antwort.
Man wäscht die Hände nicht, bevor man aufs Klo muss,
sagt Alannah, sondern nachher.
Und beim Essen umgekehrt, sagt Helene.
Sehr gut, sagt die Erzieherin.
Eine Krake muss sich achtmal waschen, weil sie acht Arme hat,
sagt Doğan, aber eine Schlange muss sich nicht waschen.
Auch gut, sagt die Erzieherin. Und was noch?
Die Kinder denken nach.
Man geht nicht über eine rote Ampel, sagt Matthias.
Stimmt, sagt die Erzieherin.
Man beißt und kratzt nicht, sagt Alannah, auch wenn man
eine Katze ist.
Und wenn man eine Katze ist, sagt Helene, dann trinkt man Milch
und sagt nicht blääach.
Stimmt auch, sagt die Erzieherin. Und was macht man noch nicht?

Man macht sich nicht lustig über Michael den Ahnungslosen,
sagt Min-Oh, auch wenn er keine Ahnung hat.
Stimmt, sagt Michael der Ahnungslose. Und alle nicken.
Sehr gut, Min-Oh, sagt die Erzieherin. Und was macht man
noch nicht, etwas ganz Wichtiges?

Die Kinder denken nach.

Man streichelt keine fremden Hunde, sagt Norbert.

Man schreit kleinere Kinder nicht an, sagt Paula.

Man probiert Essen, auch wenn es irgendwie gemüsig und ekelhaft aussieht, sagt Maja, und man sagt nicht blääh.

Oder igitt, sagt Zoe Dilara.

Sag ich doch nicht, sagt Maja. Ich sage immer blääh.

Die Erzieherin hält ihre Hand hoch. Das heißt, sie will jetzt reden.

Das stimmt alles, sagt sie, ganz prima. Aber was macht man noch nicht, etwas ganz Wichtiges, was man überhaupt nicht darf, niemals und nimmer? Alannah und Helene, habt ihr vielleicht eine Ahnung?

Alannah und Helene schauen sich an.

Alle Kinder tragen Hausschuhe, nur die beiden nicht. Sie tragen Gummistiefel.

Alle Kinder haben T-Shirts an, nur die beiden nicht. Sie tragen Mäntel.

Und alle Kinder tragen überhaupt nichts auf dem Kopf oder um den Hals, nur Alannah und Helene nicht. Sie tragen Mützen und Schals.

Warum habt ihr euch so angezogen?, fragt die Erzieherin.

Weil es draußen kalt ist, sagt Helene, und Alannah und ich wollen auf die Straße gehen. Alannah nickt.

Aber man darf nicht allein auf die Straße, sagt Michael der Ahnungslose, niemals.

Alle wissen es. Und alle nicken. Nur Alannah und Helene nicht.

Richtig, sagt die Erzieherin. Ganz richtig. Sehr gut, Michael. Man darf nicht, überhaupt niemals, kein bisschen auf die Straße gehen, wenn kein Erwachsener dabei ist.

Alannah und Helene schauen sich an.

Wusste ich doch, sagt Helene.

Ich auch, sagt Alannah.

Und jetzt wissen wir's alle, sagt die Erzieherin, und alle Kinder nicken und insbesondere Michael der Ahnungslose, der es diesmal schneller gewusst hat als alle anderen.

9 Helene will nicht mehr in die Kita

Heute ist Helene nicht da.

Helene, sagt Alannah, Helene will nicht mehr in die Kita.

Die Erzieherin fragt, warum nicht?

Weil Helene es nicht will, erklärt Alannah. Helene will nicht mehr
in die Kita. Kein bisschen.

Die Erzieherin fragt, woher weißt du das?

Von Helene, sagt Alannah. Helene hat es mir erzählt. Sie hat gesagt,
ich will nie wieder in die Kita. Und jetzt bin ich ganz traurig.

Die Erzieherin sagt, aber ich habe doch Helene heute gesehen,
in der Kita.

Nein, sagt eine Stimme aus der Kiste in der Ecke. Nein, hast du nicht. Die Kiste ist groß und blau und spricht.

Helene, sagt die Erzieherin, bist du das?

Nein, sagt Helene aus der Kiste, ich bin nicht hier.

Siehst du, sagt Alannah der Erzieherin. Helene ist nicht da. Und jetzt bin ich ganz traurig.

Michael der Ahnungslose sagt, aber Helene ist in der großen blauen Kiste.

Bin ich nicht, sagt die Stimme, ganz fies, und Alannah sagt, dumme Gans Michael, blääääh.

Michael der Ahnungslose sagt nichts, ist aber verwirrt.

Heute, sagt die Stimme, die genau wie Helene klingt, heute bin ich gar nicht da.

Die Erzieherin sagt, schade, dass Helene nicht da ist, weil wir
heute Plätzchen backen wollen.
Und alle Kinder sagen, schade.
Die Erzieherin sagt, schade, dass Helene nicht da ist, weil wir
heute Plätzchen essen wollen, nachdem wir sie gebacken haben.
Und alle Kinder sagen, schade.
Nur Michael der Ahnungslose sagt, toll, bleibt mehr für mich.

Die Erzieherin sagt, schade, dass Helene heute nicht da ist, weil sie sicherlich gerne den Teig ausrollen würde, damit Alannah Plätzchen ausstechen kann, was die beiden immer zusammen machen, erst so rum und dann mit Umtauschen.

Und alle Kinder sagen, schade, und Alannah, die gerne Teig ausrollt
und aussticht, sagt schade, schade, schade und ist ganz traurig.

Die blaue Kiste bewegt sich ein bisschen.

Ich glaube, sagt eine Stimme, und alle gucken die blaue Kiste an,
ich glaub ich bin doch heute hier.

Und Helene springt raus.

Hurra, sagen alle Kinder, und Michael der Ahnungslose guckt
ein bisschen verwirrt.

Hab ich doch gesagt, sagt er.

10 Helene ist nicht mehr meine Freundin

Morgens am Frühstückstisch ist Alannah sehr traurig.

Ich bin sehr traurig, sagt Alannah und seufzt. Zwei dicke Tränen
rollen ihre Wangen herunter, und sie schaut ordentlich traurig
vor sich hin.
Warum bist du traurig?, fragt Papa.
Ich bin traurig, weil Helene nicht mehr meine Freundin ist,
kommt die traurige Antwort.

Jetzt sind alle traurig.

Nicht mehr Freundin sein ist einfach das traurigste Traurigsein.

Warum ist Helene nicht mehr deine Freundin?, fragt Papa.

Weil sie blöd ist, sagt Alannah.

Blöd darf man nicht sagen, sagt Papa, auch wenn man traurig ist.

Sag ich doch nicht, sagt Alannah und seufzt weiter.

Und Helene ist auch doof, sagt sie dann.

Darf man nicht sagen, sagt Sive, Alannahs ältere Schwester,
auch wenn man traurig ist.

Sag ich doch nicht, sagt Alannah, aber es stimmt.

Alle seufzen.

Auf dem Weg in die Kita ist Alannah immer noch traurig.
Schau mal, sagt Papa, Maxim ist immer noch dein Freund, und Kai,
und Sara, und Hüseyin, und Zoe Dilara, und Martin, und Michael
der Ahnungslose, und Joshua, und Josie, und Tarek auch.
Aber Helene nicht, sagt Alannah. Und außerdem beißt Tarek,
und Josie auch.

Ich dachte, sie hätten damit aufgehört, sagt Papa.

Josie beißt immer noch, sagt Alannah und seufzt. Helene beißt nicht mehr.

Langsam wird Papa auch ganz traurig zumute.

Bong bong bong, kommen sie an der Kita an.

Bong bong bong, läuten die Kirchenglocken. Das heißt,
dass sie ein bisschen spät sind.

Warum sind wir immer ein bisschen spät?, fragt Sive,
doch Papa antwortet nicht. Er strampelt.

Bong bong bong.

Sie sind nicht die Einzigen, die ein bisschen spät sind.

Hallo, Alannah, ruft Helene und winkt.

Helenchen ist da, sagt Alannah. Hallo, Helenchen Popenchen.

Hallo, Alannahnchen Bananchen, sagt Helene.

Hallo, Popenchen Mominchen.

Hallo, Baninchen Popanchen.

Hallo, hallo, hallo.

Helene und Alannah lachen zusammen.

Sie gehen beide in dieselbe Kita, und sie sind Freundinnen.

Helene ist nach Spanien gefahren und kommt nie mehr wieder

Alannah und Helene
sind Freundinnen.
Sie gehen beide
in dieselbe Kita.
Nur heute nicht.

Heute ist Helene nach Spanien
gefahren und kommt nie mehr wieder.
Helene, sagt Alannah und ist ganz
traurig, Helene ist nach Spanien
gefahren und kommt nie mehr wieder.

Was ist Spanien, fragt Michael der Ahnungslose, der nicht weiß, was Spanien ist.

Was ist Spanien?, fragt er die Erzieherin.

Spanien ist ein Land, sagt die Erzieherin.

Gibt's Piraten in Spanien?, fragt Luise.

Weiß ich nicht so genau, sagt die Erzieherin. Ich glaube nicht.

Gibt's Ritter in Spanien? fragt Doğan, der heute sein Ritter-T-Shirt an hat. In letzter Zeit hat Doğan sein Ritter-T-Shirt immer an.

Ja, sagt die Erzieherin, es gab Ritter in Spanien, und einer war sehr bekannt.

Wie hieß er?, fragen die Kinder.

Die Erzieherin sagt, Ritter Don Quixote. Er war sehr alt.

Mein Papa heißt auch John, sagt Josie. Aber nicht Kikot.

Lustiger Name, sagt Alannah. Jon Kikot.

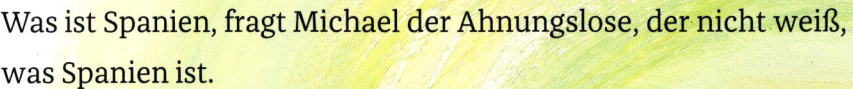

Was hat er gemacht, fragt Doğan, hat er gekämpft?

Ich glaube ja, sagt die Erzieherin, aber es ist lange her.

Gegen wen hat er gekämpft?, fragt Doğan, der auch gerne kämpft, nur nicht gegen Josie, denn sie beißt und kratzt.

Gegen Riesen, sagt die Erzieherin. Aber es waren keine Riesen, sondern Windmühlen.

Ritter Dumme Gans, sagt Luise, und alle lachen. Gegen Windmühlen kämpfen ist blöd.

Aber Helene muss nicht kämpfen?, fragt Michael der Ahnungslose, und jetzt sind alle still.

Nein, sagt die Erzieherin. Helene muss nicht kämpfen. Sie ist im Urlaub.

Gibt's Riesen in echt in Spanien?, fragt Theo.

Nein, sagt die Erzieherin. Nicht mehr. Spanien ist bekannt für Flamenco-Tanz und Sonne. In Spanien scheint die Sonne fast immer.

Außer nachts, sagt Luise.

Stimmt, sagt die Erzieherin.

Ahh, die Sonne scheint nachts, sagt Alannah. Lustig.

Dann seufzt sie.

Plötzlich ist ihr wieder ein wenig traurig zumute.

Aber Helene ist immer noch in Spanien und kommt nie wieder,

sagt sie.

Stimmt nicht, sagt die Erzieherin. Helene ist nächste Woche
wieder da.

Wie lange ist nächste Woche?, fragt Doğan, und die Erzieherin
rechnet nach.

Sechsmal schlafen, sagt sie, und ein bisschen.

Sechsmal schlafen, sagt Alannah. Meine Schwester ist auch
sechs und ein bisschen. Und ich bin vier.

12 Gestern habe ich Helene geträumt

Gestern, sagt Alannah beim Zähneputzen, gestern habe ich
Helene geträumt, und sie war ganz da.

Helene ist Alannahs Freundin.

Sie gehen beide in dieselbe Kita.

Papa, sagt Alannah, gestern habe ich meine Freundin Helene
geträumt. Lustig, oder?

Papa nickt, und Sive sagt, Alannah schnarcht auch.

Tue ich nicht, sagt Alannah.

Doch, aber nur ein bisschen, sagt Sive, und ich kann trotzdem schlafen.

Sive und Alannah schlafen im selben Zimmer.

Sive schläft oben und Alannah unten.

Manche Leute schnarchen, sagt Papa, und manche nicht.

Alannah sagt: Und manche Leute schnarchen nur manchmal,
wie du, und nicht immer, wie Opa.

Stimmt, sagt Papa. Aber Schnarchen ist nicht schlimm.

Nur wenn Opa schnarcht, ist Schnarchen schlimm, sagt Sive.

Stimmt, sagt Papa. Wenn Opa schnarcht, ist es schlimm.

Ganz schlimm sogar.

Alannah sagt, Helene schnarcht niemals.

Das weißt du nicht, sagt Sive. Helene schläft nicht bei uns.

Doch, das weiß ich ganz genau, sagt Alannah. Weil nämlich Helene manchmal Mittagsschlaf macht und nie schnarcht.

Vielleicht schnarcht Helene aber nachts, sagt Sive. Das weißt du nicht.

DU schnarchst nachts, sagt Alannah, nicht Helene, und Sive antwortet, aber keiner versteht sie, weil sie den Mund voller Zahnpasta hat.

Dann gehen die Kinder ins Bett.

Papa liest ihnen ein Buch vor.

Das Buch heißt *Hannah, Anna und Icke* und hat viele Geschichten.

Papa liest die erste Geschichte vor.

Die Geschichte ist zu kurz, sagt Alannah.

Papa liest die zweite Geschichte vor.

Unfair, sagt Sive, jetzt hat Alannah bestimmt.

Papa liest die dritte Geschichte vor, aber das war's dann.

Papa, sagt Alannah, als die Geschichte zu Ende ist, darf Helene morgen bei uns übernachten?

Ja, sagt Papa. Sie darf.

Wetten, dass sie nicht schnarcht, Sive?, sagt Alannah, aber Sive ist schon eingeschlafen. Und träumt.

Papa, sagt Alannah, hast du mich geträumt?

Ja, sagt Papa. Ich habe euch beide geträumt.

Und darum sind wir echt, sagt Alannah.

Und darum seid ihr echt, sagt Papa.

Helene, sagt Alannah, ist auch echt. Aber sie war echt,
bevor ich sie geträumt habe. Helene ist immer wieder echt.

Papa knipst das Licht aus.

Papa, sagt Alannah. Kannst du Mama sagen,
sie soll uns einen Kuss geben?

Ja, sagt Papa.

John Chambers, 1968 in Irland geboren, zog 1997 nach Berlin, wo er mit seiner Familie heute noch lebt. Chambers ist Zeichner und Autor von Bilder- und Kinderbüchern, u. a. der auf Englisch erschienenen *Granny Samurai*-Bücher. Als Drehbuchautor ist er an der Verwirklichung vieler Animationsserien beteiligt, u. a. *Molly, die kleine Monsterin* und *Der kleine Ritter Trenk*. Für seine Drehbücher *Der letzte Neandertaler* und *Molly Monster – Der Film* bekam er 2008 und 2013 den Deutschen Animationsdrehbuchpreis. Zurzeit schreibt er zwei in Deutschland koproduzierte Kinofilme. Die Geschichten um *Helene & Alannah* sind sein Debüt bei Hanser.

Katja Gehrmann, 1968 geboren, studierte in Mexiko, Spanien und an der Fachhochschule für Gestaltung in Hamburg Illustration. Sie unterrichtet an einer Kindermalschule und arbeitet für Zeitschriften und verschiedene Verlage. Für ihre Illustrationen hat sie bereits zahlreiche Preise gewonnen, u.a. den Goldenen Apfel der Biennale in Bratislava und das Troisdorfer Bilderbuch-Stipendium. In der Sparte Kinderbuch war sie 2014 für den Deutschen Jugendliteraturpreis nominiert. 2015 erschien bei Hanser das Bilderbuch *Katzenaugen-grüne-Trauben-Blitzer-Glitzer-Geistergrün* von Tanja Dückers mit ihren Illustrationen.   www.katjagehrmann.de